AF607294

JOANA D'ALESSIO nació en São Paulo, Brasil, en 1977, durante el exilio de sus padres, y desde 1981 reside en Argentina, donde realizó toda su formación y carrera profesional. Se licenció en Realización Cinematográfica en la ENERC, y ha trabajado en publicidad, cine y televisión, produciendo largometrajes y documentales. En 2018 fundó la editorial de literatura infantil y juvenil Ralenti Libros, y en 2021 creó Vinilo Editora, que publicó el presente libro en 2023. Es autora, además, de la novela *Alguien a quien contarle todo* (La Crujía, 2022).

PEQUEÑO TRATADO SOBRE LA AMISTAD

Primera edición, agosto 2025
Tercera edición, febrero 2026

DISEÑO DE COLECCIÓN: © Donna Salama
DISEÑO DE CUBIERTA: © Donna Salama

IMPRESIÓN: Kadmos
Impreso en España – Printed in Spain

IBIC: DNF
ISBN: 979-13-990171-4-4
DEPÓSITO LEGAL: M-11400-2025

www.instagram.com/transitoeditorial
www.facebook.com/transitoeditorial
@transito_libros

www.editorialtransito.es

Editorial Tránsito es respetuosa con el medio ambiente: este libro ha sido impreso en un papel ahuesado procedente de bosques gestionados de forma responsable.

PEQUEÑO TRATADO SOBRE LA AMISTAD

Joana D'Alessio

TRÁNSITO
MINIATURAS

Para Sofía y Juana, para Juana y Sofía,
para las dos por igual

«El amor es sublime y miserable, heroico y estúpido, pero nunca justo. No se encuentra la justicia en el amor sino en la amistad».

Francesco Alberoni

Estoy intentando caminar todos los días. Pasé esta época de encierro absorta en mi trabajo, y ahora veo que fue una forma de sostenerme. Todo a mi alrededor estaba tambaleando y, en el caos de la vida, mi trabajo es mi centro. Pero estoy a punto de romperme. Un insomnio feroz y una sucesión de síntomas que se presentaron uno tras otro, como un collar de piedras que me ahoga, me obligaron a pensar. Alergias nuevas, una contractura cervical despiadada, cefaleas al atardecer: el cajón de mi mesa de luz es un festival de blisters. Y mi cabeza es una secuencia de pensamientos obsesivos, una espiral a la nada donde caigo cada noche. Quiero encontrar un ritmo nuevo. Salir, ver gente, hacer actividad física. Mi mamá está muy sana y hace treinta años que camina una hora por día. Quiero hacerme de esa secta, quiero ser de la secta de los caminantes. Es otoño, las veredas crujen de hojas al atardecer como una invitación. Pero me cuesta salir. Sé pasar tiempo sola en mi casa, puedo estar días y días leyendo, trabajando, cuidando mis plantas. Sin embargo, para cruzar el umbral, necesito compañía. Entonces decido pedir ayuda. Les ruego a mis amigas que caminen conmigo.

1
Flora. Espino de fuego

Cuando Flora me toca el timbre se larga a llover. De forma torrencial. Son las tres de la tarde de un viernes, había hecho un esfuerzo por ubicar todas mis reuniones durante la mañana y terminar a tiempo para una caminata. Decidimos tomar un café y esperar. Se sienta a la mesa de la cocina y me dice: «¿Qué es todo este dengue?». Flora siempre me ayuda a ordenar mi casa. Cuando me separé, hace tres años, fue la persona que me acompañó en la mudanza y estuvo al lado mío cuando abrí los cajones de los recuerdos. Ella decidió armar una caja que rotuló: *no abrir hasta 2021*. Y ahí fueron las fotos de mi casamiento, las cartas de amor, las tarjetas que mi exmarido me hacía para mis cumpleaños. (Fue una buena idea, fue incluso divertido, pero lo que yo no sabía en aquel momento era que 2021 iba a llegar tan rápido y que los poderes de la caja no iban a estar del todo desactivados).

Flora le dice *dengue* a los amontonamientos de cositas en lugares. Mientras le hago un café, me cuenta de un ex que le escribió un mail. Es obvio que él no quiere nada con ella, solo quiere tenerla ahí. «A él no le importa tu felicidad», le digo mientras saco un jamón crudo de la heladera, lo pongo arriba de la mesa y agrego: «En cambio a mí sí».

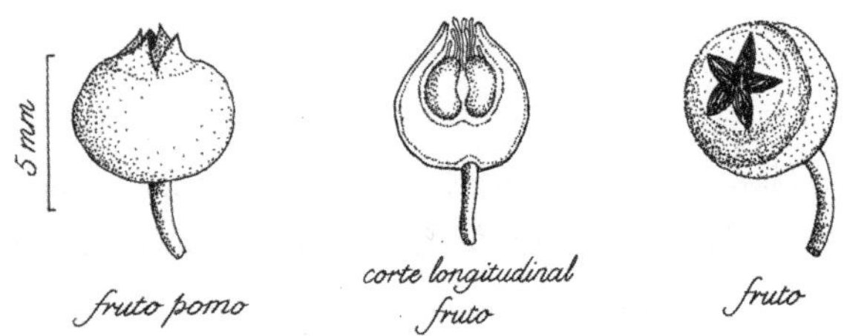

Cuando terminamos el café Flora me propone *marikondear* un rato. Estoy cansada y no tengo ganas pero acepto porque es una oferta que no puedo declinar. Vamos a mi estudio, el lugar más caótico de la casa. Mi escritorio está lleno de libros. Todas las superficies lisas de mi casa están llenas de libros. Hasta en el piso, al lado de la cama, hay libros. También hay lápices y lapiceras desparramados en mesas y escritorios. Tengo debilidad por los lápices, por los cuadernos, por los sacapuntas, por las gomas de borrar, por los papeles de envolver, por las lapiceras de pluma, por las acuarelas, por los piolines, por los stickers y por varias cosas más. No sé si es coleccionismo, fetichismo, materialismo o una mezcla de todo eso; supongo que me siento bien rodeada de cosas lindas, mi constelación de objetos y miniaturas funciona como una secuencia de talismanes que me hacen sentir menos sola, menos desprotegida. Enseguida Flora se concentra y decide que tengo que guardar todos mis artículos de librería juntos, en un placard del escritorio. Hay una ley universal del orden que dicta que las cosas de la misma categoría van en un único lugar. Elige unos estantes y se pone a trabajar. Me pide bolsas de residuo. Clasifica, decide, tira.

Hablamos mientras ordenamos; ella eficiente, yo distraída. Afuera la lluvia cae y resuena en el techo de mi casa. (Recuerdo la primera vez que escuché ese sonido, me había mudado hacía poco, estaba acostada con mis hijas en la cama grande, ellas dormían; se largó una tormenta y pensé: este será el sonido de la lluvia en esta casa, bienvenido a mi vida. Era lindo, un poco latoso y suave).

La conversación con Flora siempre es desafiante y bella. Como un camino de cornisa. Ella tiene algunas ideas definidas acerca de cómo son las cosas, usa sus cristales para ver. Y la mayoría de sus ideas son atrapantes, funcionan como pequeños relatos. Es inteligente y racional, pero cree fuertemente en la parte mágica de la vida. Prende velas, considera que los objetos son algo más que cosas y le gusta mucho unir ideas que a primera vista no parecen tener relación. Siempre me da su punto de vista y, aunque tenemos momentos de tensión, fogonazos, no solemos pelear.

Nos hacemos compañía en los malos momentos. El 2018 fue un año difícil para ella, fue el año en que lloraba en mi sillón. Una vez por semana venía y sus ojos verdeazules se llenaban de agua, sacaba un pañuelito blanco y se limpiaba los mocos. A veces aparecían mis hijas y querían saber qué le pasaba. «Mami, ¿Flora llora por un novio»?.

Recorrimos juntas el mundo. Las playas del sur de Brasil, Machu Picchu, Cabo Polonio, Nueva York. Barcelona: nosotras hablando en el autobús que nos llevó del aeropuerto a la ciudad, nosotras hablando en el Paseo de Gracia, nosotras hablando en el Parque Güell, nosotras hablando en el barrio Gótico. Puedo ver ahora ese viaje como el clip de una película: el fondo cambia, hay elipsis, la conversación es una música que une todo.

Nos conocimos en casa de una amiga en común, Julieta. Debía ser algo así como 1997, el año en que estudié Filosofía. Ellas estudiaban Letras. Todas íbamos a Puan y todas nos juntábamos en la casa de Juli. Yo tenía auto y Flora vivía cerca de mi casa, así que cuando terminaba la reunión la acercaba. En esos recorridos de Palermo a Núñez empezamos a hablar y a conocernos mejor, porque al principio nos mirábamos con desconfianza; ella había dicho que yo era una tilinga y yo creía que ella era snob, cosas que luego nos confesamos y quedaron inscriptas para siempre en el anecdotario amistoso.

El año pasado, al poco tiempo de que empezara la pandemia, Flora tuvo un problema con el gas en su casa y vino a vivir conmigo unos meses. Hicimos una pequeña burbuja con ella y mis hijas. Fue lindo: ella les enseñó a tejer y nos preparaba la cena. Una tarde estábamos en el living, yo leía y ella bordaba, y me empezó a contar algo. La miré y dijo: «Está bien, no te hablo». Es la única persona en el mundo que sabe cuándo prefiero estar en silencio.

Me parece romántico que se llame Flora y que tenga afición por las flores y las plantas. Ella me enseñó algunas cosas: a trasplantar, a cortar esquejes, a mezclar tierra vieja con tierra nueva y a no ponerme triste cuando se muere una planta. Creería que de ella aprendí, observándola, a actuar en esta materia de forma intuitiva o imaginativa, a dejarme llevar, a probar. (También me iba a enseñar, un año después, una noche en que fui a su casa con una tristeza invivible, un queso y un pote de hummus, a meditar; dijo una frase mágica que me reveló la clave definitiva de todo: «Lo único que importa es hacerlo un ratito todos los días, no existe hacerlo bien o hacerlo mal, te sentás y lo hacés». Esa noche meditamos juntas en silencio y después me tiró el I-Ching).

Es raro, somos muy diferentes. Ella practica ayurveda, no usa redes sociales, hace kung-fu. Yo soy una bestia ansiosa y mi dieta principal son los animales muertos. Ella tiene pocas cosas y yo soy una acumuladora serial. Supongo que los motivos de una amistad son tan indescifrables como los del amor romántico. «La amistad no es menos misteriosa que el amor o que cualquiera de las otras fases de esta confusión que es la vida. He sospechado alguna vez que la única cosa sin misterio es la felicidad, porque se justifica por sí sola», escribe Borges en un cuento.

Nos regalamos cosas porque sí, ella me cocina berenjenas cuando estoy triste, yo le hago *pékeles* cuando viene a verme. Tenemos nuestro propio glosario de estados emocionales: «la nube» es para días de tristeza, «fuze-tea» es para depresión intensa en la cama, «cristal» es una forma de decir que nos mostramos bien hacia el afuera. Si estamos realmente felices no necesitamos nombrarlo.

Ahora la lluvia es más suave pero persiste. Flora ya llenó dos bolsas de residuos con cosas que debo descartar y acomodó mis lápices y acuarelas en una repisa como si fuera un local de Palermo. Me muestra un libro que tengo repetido: *Los pequeños macabros,* de Edward Gorey. Le regalo un ejemplar y lo guarda. Después quiere acomodar los libros que tengo en la mesa de mi escritorio y le digo que no, que esos son los que estoy leyendo ahora, que van ahí.

A veces nos leemos fragmentos de libros, como hacen los enamorados. Abro uno, *La mujer y la ciudad,* de Vivian

Gornick. «Amiga, te quiero leer esto, escuchá: "La buena conversación no es una cuestión de compartir intereses, ideales, sino una cuestión de temperamento, cuando se comparte el mismo temperamento, la conversación nunca pierde espontaneidad y frescura; cuando no, uno siempre tiene que andarse con pies de plomo"».

Hace tiempo que pienso en eso. En desterrar el lugar común de tener cosas en común. La amistad es una voluntad misteriosa y cuando fluye parece un partido de tenis, siempre nos devolvemos la pelota, se pregunta, se escucha, se repregunta. Un hilito que nadie suelta. La amistad es una conversación que se puede retomar en cualquier punto y en cualquier lugar del mundo.

Flora me cuenta que hace poco le hizo un chiste medio ácido a su novio y él respondió: «¿Trajiste más de esas piedritas en tu bolsita para lanzarme?». Se rieron. Claro, digo yo, se entienden, fluye. Y ella me responde: «Sí, viste cómo soy, y no voy a cambiar, pero a él le parezco graciosa». Conversamos sobre la importancia del diálogo en la pareja, y sobre qué tontas o qué jóvenes éramos cuando nos dejábamos llevar por la atracción física, qué imán estúpido, qué fuente de felicidad tan efímera es la belleza del otro. Me pregunta por el hombre con el que salgo y le digo que tuvimos una pelea. Ella lo detesta, ya tiene decidido hace mucho que no me conviene.

No tengo fuerzas para contarle los detalles; además, sería darle la razón, y prefiero no hacerlo.

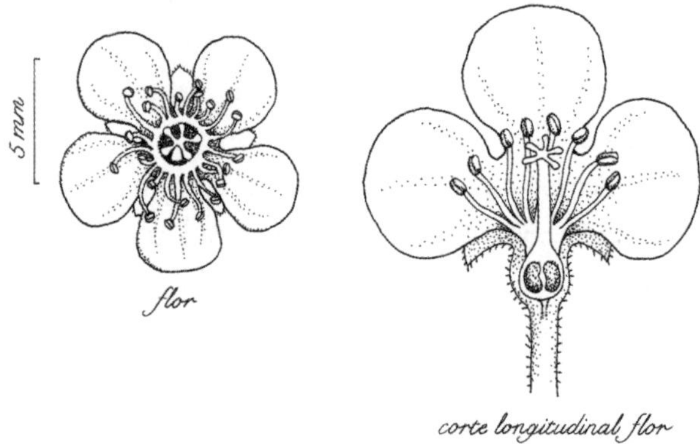

La tormenta cedió, hay una lluvia finita y el cielo se iluminó; Flora decide que vamos a ir a caminar. Nos ponemos nuestros abrigos y al salir caminamos por Arcos hacia el lado de General Paz. La calle se va ensanchando y hay muchos árboles que en esta época están dorados. Por acá hay varias de mis casas preferidas: las que tienen porche. Puedo curiosear los jardincitos, es muy común ver en los porches malvones y jazmines. Ahora no es época de jazmines, aunque no falta tanto y los espero anhelante con la llegada de la primavera. Sí es época de malvones; todas las épocas son de los malvones, son muy nobles, dan flores en continuado y aguantan todo. En casa tengo muchos, rosas, rojos, violetas y blancos; los fui comprando de a uno como un homenaje a mi abuela. Recuerdo su voz diciendo *malvón* (no sus malvones, su voz) y los atiendo como si fueran delicados, me gusta entrarlos a casa cuando llueve. No tiene sentido, pero no puedo evitarlo, es una especie de ritual profano que me calma. En las veredas hay lapachos rosados y me llama mucho la atención un arbusto que da una flor coral que es como un pirincho, es la flor del aloe, es dramática y le da un toque extemporáneo al otoño.

Mientras caminamos le hago la pregunta fundamental: «¿Y vos, cómo estás?». Me dice: «No doy más amiga, estoy harta de microfracasar todo el día con todo lo que intento hacer». Yo me río, su forma de decirlo me encanta. Mis amistades más profundas están basadas en los relatos de los fracasos. (Una vez tuve una amiga que contaba solo lo bueno, le gustaba la propaganda de la vida. O su vida era perfecta, no lo sé, pero me irritaba su relato del éxito, y me hacía sentir miserable. Fue una época, después volvimos a estar cerca y entendí que en parte era un problema mío).

Las amistades largas pasan por muchas etapas: existe una especie de compás o ritmo que no siempre funciona bien; a veces nos desfasamos y dejamos de andar juntas por un rato para volver a encontrarnos más adelante. Más de una vez me sentí muy decepcionada por alguna amiga íntima, incluso llegué a tener peleas dramáticas, escandalosas, pasionales, con gritos y amenazas, con distanciamientos de años, pero en todos los casos se resolvieron felizmente. Supongo que soy de vínculos largos, no me gusta perder nada en el camino.

A las pocas cuadras, la lluvia se detiene y queda ese halo refulgente en las calles y las veredas. Está lleno de colchones de hojas: amarillas, naranjas, cobrizas. La belleza del otoño me abruma y siento un bienestar inesperado, como un golpecito.

Volvemos por Cuba y en una esquina veo un arbusto que me llama la atención, tiene un fruto rojo y diminuto, como manzanas en escala miniatura. Me hace acordar a mi infancia y a la Navidad, a una Navidad que no existe en mi vida, la de la nieve, la de las películas. Me acerco a cortar una rama, siempre me gusta agarrar algo cuando camino, soy como una cartonera de flores silvestres. A veces las seco, tengo una suerte de herbario indisciplinado; otras veces las dibujo y las pinto con acuarelas. Me pincho porque tiene espinas. En mi casa anterior, la casa donde nacieron mis hijas, teníamos un patio gigante lleno de árboles y plantas, y había un arbusto así. Veo la película de mi vida marcha atrás. No imaginaba tener esta vida que tengo ahora, pero no está mal, a veces es difícil pero es verdadera. Pienso en esa frase de mi mamá: «Somos hojitas al viento». Guardo la rama en el bolsillo de mi tapado. Flora me acompaña unas cuadras más, hasta la puerta de mi casa.

Al llegar pongo mi botín en un frasco con agua; el vidrio y el agua producen un efecto de lupa, y los frutos diminutos se ven muy brillantes. La transparencia es hermosa. Se llaman espino de fuego o *Pyracantha coccinea,* lo busco en una aplicación. Llevo años en un vínculo con ellos pero hasta hoy no conocía su nombre.

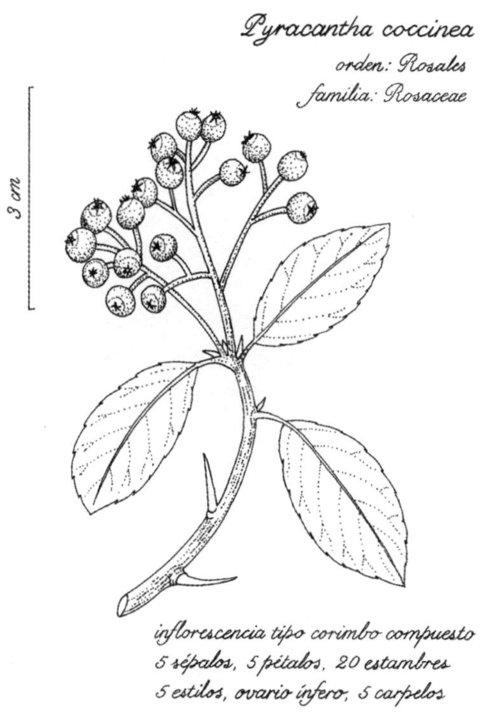

2
Gabriela. Lirios blancos

No fue fácil agendar una caminata con Gaby. Ella quería a toda costa organizar un plan que incluyera a nuestros hijos, tiene poco tiempo libre y prefiere verme cuando está con ellos. Tuve que explicarle varias veces que necesitaba un plan solo con ella, sin niños. Entramos en un chat interminable de días, ella me decía «sos prioridad», pero insistía en juntarnos todos el domingo. Al final le dije: «Mirá, no te quiero dar pena, es la última vez que te lo digo, no estoy bien y quiero que nos veamos solas, si no podés todo bien, dejá».

Gaby es de mis amigas preferidas para hablar. Me gusta mucho estar con ella porque todo lo que me cuenta me despierta curiosidad y a ella todo lo que le cuento le interesa, somos como una máquina perfecta, un flujo continuo de palabras e ideas que se van acomodando y haciendo lugar unas a otras, sin interrupciones ni cortocircuitos. La conversación con ella es un patinaje suave. Nos ayudamos a resolver problemas. Yo expongo, presento el caso; ella ofrece soluciones. Y después al revés. Si alguna de las dos tiene un caso muy grave nos concentramos solo en eso. Es usual que nos digamos: «Amiga, hoy tengo un tema». Hacemos muchas digresiones, porque somos dos personas con esa tendencia, pero eso es oxigenante y está bien, siempre retomamos el hilo. En general logramos, con la paciencia de un artesano, cerrar todos los paréntesis y volver al tronco. Creo que también me produce felicidad su forma de hablar. Se esmera en elegir las palabras, es vehemente y expresiva, mueve siempre las manos. (Además conformamos, con nuestra amiga Jimena, una especie de pequeña familia: Jime es de mis amigas más antiguas, llevamos treinta años juntas y atravesamos muy cerca la etapa de hijos pequeños, esa época de la vida donde es muy conveniente que haya más adultos que niños).

El día en que finalmente nos vemos, decidimos caminar por los lagos de Palermo. Vamos a hacerlo rápido, como un ejercicio. Hace un poco de frío y el lago está plateado, parece de cristal, rodeado por árboles enormes. Hay eucaliptus, robles y jacarandás reflejados en el espejo de agua. Es la hora mágica, ese ratito entre la puesta del sol y la oscuridad total, el sol ya no está en el horizonte pero su luz perdura como un resplandor violeta. Tengo el impulso de agarrar mi teléfono y sacar una foto, pero lo reprimo. Me entrego a este momento que se desliza parejo, de charla y amplitud, no quiero interrumpirlo. La vida podría ser esto, mi amiga y yo bordeando un lago.

El último año pasé demasiado tiempo cuidando a mis hijas y acompañando a mis padres. La existencia en general es caos y desorden y el diálogo con una amiga me ayuda a juntar los pedazos, a entender el mundo, a entenderme. Gaby es mi amiga más afín, casi siempre que hablamos pensamos lo mismo, y lo que hacemos con la conversación es sacarle brillo a las ideas. Solucionamos problemas y de repente las cosas se ven diáfanas, transparentes, bellas, y así conseguimos que por un momento desaparezca el horror del mundo. La calma de la conversación aquieta mi ansiedad galopante, no quiero nada más, no quiero estar en otro lugar; ahora, en este lago, en este paso sincronizado y rápido junto a mi amiga, dejo de sentirme escindida, dejo de sentir que me falta algo.

Mientras cae la noche, le cuento a Gaby una pelea que tuve con el hombre con el que salgo. Le digo cómo sus argumentos y su forma de discutir me irritan, me vuelven loca. Mientras camino, salto y caigo con fuerza contra el piso como si estuviera matando bichitos malignos, para descargar la ira que todavía siento. «Claro, discute como un hombre», dice ella. «¡Sí!». Grito yo. «¡Es eso! ¡Quiere ganar!» Quiere tener razón. No quiere escuchar, no quiere llegar a un acuerdo, no quiere construir un lugar donde los dos podamos ver el mismo objeto aunque sea desde ángulos distintos, quiere más que nada en el mundo sostener lo que dijo y que le den la medalla de la razón.

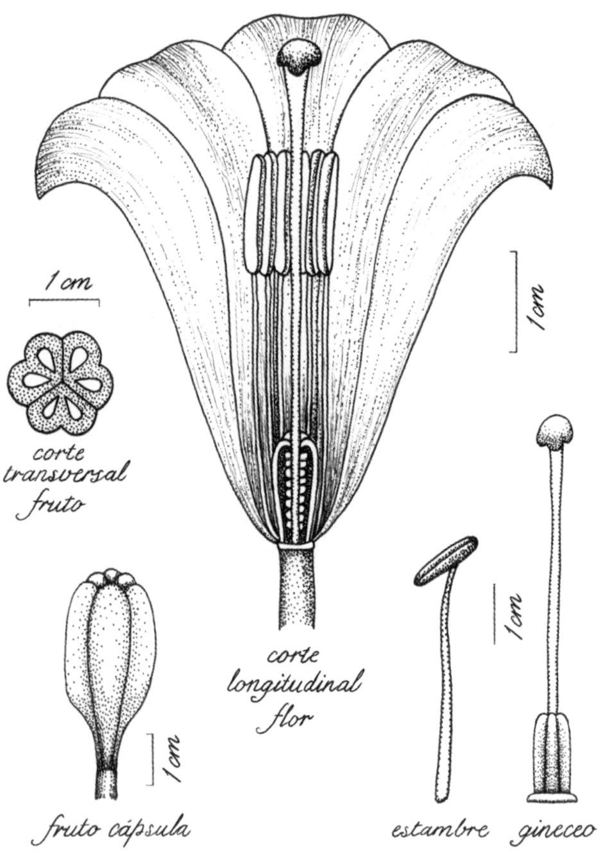
1 cm
corte
transversal
fruto
1cm
corte
longitudinal
flor
1cm
1cm
fruto cápsula
estambre
gineceo

Y también le interesa mucho encontrar fallas en mis argumentos, si me desdigo le parece algo atroz. Yo un día pienso una cosa y al otro día pienso la contraria, soy así. Y quiero cambiar muchas cosas de mí, pero esta no. Le cuento que después de la pelea me mandó flores en un intento por arreglar las cosas, y que yo me enojé. «Pero, nena, ¿cómo te vas a enojar si te manda flores? Es algo lindo», dice ella. La verdad es que mis hijas no saben que él existe, y ellas viven conmigo. Me pareció invasivo. Tuve que responder muchas preguntas, las flores llegaron de noche y con una tarjeta que tenía un mensaje y las iniciales del hombre. Además: estaban cerradas. Eran capullos, ¿cómo vas a mandar un ramo de flores así? Contuve las ganas de tirarlas y las puse en mi baño, lejos de la vista de mis hijas. Pasaron los días y se fueron abriendo. Resultaron ser lirios blancos, su nombre científico es *Lilium candidum.* (Sentí pena por haberme enojado con él, lo imaginé intentando conseguir las flores, eligiéndolas, tomando la decisión, supongo que sus intenciones no eran malas, lo que pasa es que tiendo a pensar que las buenas intenciones no alcanzan para nada). Los lirios se parecen a las calas, tienen tallos largos y las flores son elegantes y, aunque me parecían un poco de velorio, daban un perfume lindo, dulzón. Ajazminado. Las acomodé en la mesa de luz que está del lado de la cama que no uso. A las dos semanas seguían ahí, hasta que un día noté que sus estambres habían segregado un polvo amarillo sobre mis libros y las tiré al tacho de basura.

Ya dimos toda la vuelta al lago, es noche cerrada, pero tenemos más cosas para decirnos. Nadie menciona nada acerca del horario o el recorrido, salimos del lago y seguimos caminando por Figueroa Alcorta hacia la zona de River, sin plan, nos pasan por el costado los autos veloces con sus luces y de fondo suena ese colchón del ruido de los motores. Gaby quiere saber cómo estoy yo, cómo está mi papá, cómo van mis cosas; sabemos que el hombre es una pantalla, pero yo la hago hablar a ella, soy rápida cambiando el eje y ella es fácil de distraer. En general puedo hablar de cualquier tema en cualquier lugar y con casi cualquier persona, pero hay días en los que no quiero hablar de lo que me duele. Me cuenta un problema que tiene en el trabajo, de cómo se le está escapando un proyecto que le entusiasma mucho. Conozco a una persona que está involucrada y le digo que voy a intentar hacer alguna movida para ayudarla. Hablamos de unos terrenos que hay en venta en La Cumbre, Córdoba. Vero ya se compró uno, y nosotras tenemos la fantasía de comprar uno juntas y hacernos unas casitas. No son caros y se venden con un plan de cuotas a cinco años. En septiembre vamos a ir en auto a conocer el lugar: Flora, Vero, Jime, Gaby y yo. Me imagino ese viaje como un *Thelma y Louise* pero sin el salto al vacío; la ruta, la música, el horizonte. Tampoco me interesa mucho Brad Pitt. Pienso que podría pasar que nunca más vuelva a vivir con un hombre, pero no me imagino en una casa sola con gatos. La vida en comunidad, rodeada de amigas y de naturaleza, me parece una vida posible.

3
Julieta. Ojos negros

Soy lenta para salir de mi casa, como si cruzar el umbral supusiera cada vez dejar algo atrás, una pérdida minúscula. Doy vueltas, me pongo mis joggings rojos, buen abrigo, zapatillas cómodas y una riñonera poco elegante donde llevo auriculares, el teléfono y dinero. Nunca compro nada pero me siento desnuda en la calle sin plata. Tengo una cita para caminar con Juli a las tres de la tarde.

Finalmente salgo y no tengo un recorrido planeado así que decido que voy a bajar por Iberá hacia el lado de River. El paso nivel de Iberá es uno de los más lindos de la zona, tiene unos murales con escalas cromáticas en las paredes y por alguna razón los autos no van tan rápido como en el de Manuela Pedraza, la sensación en el cuerpo de bajar y subir siempre me renueva algo. Suena mi teléfono, es Juli. Ella está caminando en Miami y yo en Buenos Aires, nos sincronizamos para salir al mismo tiempo y hablar por teléfono durante nuestros paseos.

Juli es mi mejor amiga, hablamos todo el día y de forma continuada, desde la mañana hasta la noche, como supongo que hablan los novios, no sé, eso ya lo olvidé. Nuestra conversación lleva veintiséis años. Mi primer recuerdo de ella es en la puerta del colegio, íbamos a distintas divisiones y yo siempre la veía de lejos, pero ese día la escuché hablar: tenía una chomba azul, caminábamos por la calle Bolívar y ella conversaba con alguien sin parar. A mí me llamó la atención su desparpajo. Nunca había conocido a una persona así, Julieta era alguien que decía lo que pensaba de las cosas cuando decir lo que uno piensa no estaba de moda como ahora. Y era una mujer joven que iba siempre detrás de su deseo, sin importarle mucho lo que pensaran los demás ni los usos sociales o las etiquetas. Escorpiana, aguda y con una carcajada descomunal.

Somos muy buenas diciendo esto: «Te entiendo nena, es un bajón». Somos distintas pero entender el mundo y los vínculos juntas, de a dos, nos resulta fascinante. A ella le da pereza el despliegue, es más concreta y entiende todo de una vez, ve el plano general con rayos x. En cambio yo voy a los detalles, avanzo, retrocedo, dudo. Tengo pensamientos obsesivos sobre los que regreso de forma permanente. A veces creo que la irrito, pero jamás me lo hace saber, en general puede escuchar mi mismo tema día tras día tras día. Igual se da cuenta y me da su diagnóstico, dice: «Estás con el taca taca». También tiene otra forma de enunciarlo: «Querida, estás loopeada». Hablamos mucho de libros, compartimos el interés por la no ficción.

Nos mandamos fotos de fragmentos que leemos y yo le envío libros que creo que le pueden gustar cuando su mamá viaja a verla. Hace poco comentamos *Despojos, Sobre el matrimonio y la separación*, de Rachel Cusk. Las dos lo leímos dos veces, ella porque hizo un taller y lo releyó para verlo con sus alumnas, yo porque lo había leído en *kindle* y lo que me pasa es que si no lo leo en papel el libro no se queda conmigo. Hacia el final Cusk narra una escena en una floristería y dice algo que muchas veces intenté parafrasear y no pude: «No hay presencia cromosómica de lo masculino: este ambiente fresco y perfumado es una arboleda de feminidad, de fecundidad pura en cierto modo, como si no hubiera necesidad de ningún conflicto, de ninguna lucha de contrarios, para que estas formas y olores se vuelvan completos».

Supongo que no es casual que cuando me separé y me mudé a esta casa, hace dos años, empezó mi romance con las plantas; antes les prestaba menos atención. Fui aprendiendo a cuidarlas y de a poco fui sumando especies, como una colección. Encontré placer en el acontecimiento diario de regar, de quitarle a un malvón las hojitas secas, de trasplantar a una maceta más grande una *Monstera deliciosa* que parece pedir espacio. Aprendí que existen las especies nativas, que son las autóctonas, las propias del lugar, que benefician al medio ambiente y siempre convocan mariposas y picaflores, es muy usual que vengan a visitarme. Leí en un libro sobre plantas nativas algo hermoso, decía: «Es importante conocerlas porque no podemos cuidar lo que ignoramos»; pensé que se podría aplicar a todo. El conocimiento y el cuidado como actividades correspondientes. En casa tengo varias nativas: la dama de noche, que se llama así porque cuando oscurece se abre y lanza su perfume encantador, los malvaviscos que dan flores rojas y rosas de la misma planta, y mi preferida: la pasionaria. También se la llama flor de la pasión o *Passiflora* y es una especie enredadera que planté en un cantero cuando llegué acá. En poco tiempo creció aferrándose a todo, lanzando sus tallos enroscados, que se parecen a los cables de los teléfonos antiguos. Trepó tres metros y después se enroscó a las rejas del balcón, avanzó rauda, tapizando todo lo que encontraba a su paso, y un buen día llegó hasta arriba, a la segunda planta de la casa, donde está mi cuarto. La pasionaria llegó hasta donde puedo verla al despertar. Florece en primavera y da una flor inverosímil, roja y violeta, más que una flor parece una extraterrestre, es enorme y carnosa, tiene la forma de una mano abierta, o de un radar, sus estambres son como antenas; su morfología es tan pregnante que a veces creo que intenta comunicarse con alguien. Sé que posee propiedades ansiolíticas, algún día, dentro de no tanto, debería probarlas.

Cuando empezó la cuarentena di un paso más: empecé a llenar la casa de plantas de interior. (En realidad plantas de interior es una contradicción, ninguna planta es de interior). Fui poniéndolas en todos los ambientes de la casa: puse fitonias verdes y rosas, filodendros, una diefembaquia, un palo de agua y varios potus. Los potus son muy amigables y fáciles de cuidar. Hice un calendario ilustrado de riego con ayuda de mis hijas, que pinchamos al corcho del escritorio. Al final no lo usé, desistí y empecé a regar de forma adivinatoria, tocando la tierra o intentando recordar cuándo había regado por última vez. Aprendí que mucha agua es peor que poca agua, para mi sorpresa. También me compré un pulverizador. A mis hijas les gusta pulverizar las plantas a la noche, creo que les gusta hacer algo con tal de no irse a dormir. Incursioné en lo que yo llamo hidroponía de hogar, que quizá sea la práctica más sencilla de la jardinería amateur: poner un gajo en un frasco con agua. Solo hay que cambiarla cada tanto, una vez por semana está bien. Es una forma sencilla de multiplicar plantas: cortar un esqueje, colocarlo en un recipiente con agua, esperar que crezcan las raíces, plantarlo. Planta multiplicada. (Hay muchas recomendaciones de cómo y con qué tipo de especies funciona esta técnica; yo lo hago de forma aleatoria y caprichosa, porque si tengo que ponerle esfuerzo, como a casi todo, pierde su gracia. Me muevo como si supiera, sin saber, hago una coreografía. Además, en el caso de los gajos, no los paso a tierra, los dejo para siempre en el frasco, me encanta ver las raíces aumentadas por el efecto de la refracción del agua, parece magia). Pero mi mejor adquisición de esta etapa fueron unos helechos atípicos, los tenía mi papá y yo no los conseguía. No sé cómo hizo pero en plena cuarentena dura, una tarde un señor me tocó la puerta y me dejó dos bolsitas con las plantas. El señor me dijo: «Si vas a criar helechos, tenés que saber que necesitan espacio para sus raíces y bastante agua». Compré unas macetas enormes y los puse en la biblioteca del living. Son helechos que tienen hojas grandes y dentadas, que caen hacia abajo como una lluvia. Se llaman helechos despeinados o helechos azules. En Brasil a los helechos les dicen *sambambaia,* eso me lo contó mi papá, porque nosotros vivimos varios años allá y a mi papá siempre le gustaron las palabras. A mí también me da gusto cómo suena esa palabra: *sambambaia,* y tenerlos acá me hace sentir algo tropical, salvaje. Además supe, luego de haberlos adoptado y gracias al libro de Rachel Cusk, que son muy antiguos: «Los helechos son primitivos, más antiguos que la civilización, más antiguos que el hombre y la mujer, más antiguos que el bien y el mal». Saber eso me hizo investirlos de un aura singular.

Juli a veces me manda fotos de sus plantas y me pregunta qué hacer; a ella le gustan las aromáticas y también tiene en su jardín árboles de papayas. Yo en general no sé qué decirle, creo que les tomé el tiempo a mis plantas, y sobre las de los demás no puedo opinar mucho.

Hoy la charla con Juli empieza mal porque le cuento algo y me dice: «Te vas a enojar si te digo lo que pienso». Le respondo: «Ya van varias veces que me decís eso y lo que creo en este punto es que querés pelear conmigo, ¿para qué me decís algo que sabés que me va a hacer enojar?».

Lo que sucedió es que intercambié unos mensajes con el hombre, el resultado fue frustrante y ahora solo espero que Juli avale mi teoría: que él me está intentando manipular. Pero ella no tiene ganas de darme la razón, tiene otras ideas sobre cómo son las cosas, y yo no tengo ganas de escuchar sus otras ideas. Camino como una desquiciada por River con los auriculares puestos y gritándole al viento: «¿Por qué no podés entender que estoy angustiada y que necesito que me digas que el chabón es un pelotudo? Él solo quiere que le dore la píldora y cuando hago algo que no le gusta me castiga».

La discusión escala, nos gritamos y nos reprochamos cosas, pero seguimos firmes hablando y diciendo lo que pensamos hasta que en algún momento logramos entendernos y volver a la senda de la buena conversación. Como cuando un nudo se desata mágicamente. Después Juli me pregunta por mi papá. Le digo algunas cosas pero siento que se me cierra la garganta y entonces le pregunto por el suyo. Su papá tiene una enfermedad incurable en la médula. Hace tres años, cuando se le declaró, ella viajó a Buenos Aires. Recuerdo que fuimos a tomar un café al Pain Quotidien de Gelly y me repetía como un rezo: «Mi papá se va a morir, mi papá se va a morir». Yo la escuchaba pero para adentro pensaba: ¿por qué me lo dice tantas veces? Ahora tal vez entiendo más, me imagino que la idea de un mundo sin papá es una idea aterradora, como caer al vacío, y ella necesitaba decirlo para tranquilizarse, para comprobar que era una posibilidad. Al final su papá no se murió, pero está bastante enfermo y no tiene una buena vida. Concluimos que peor que morir es tener una agonía prolongada y dolorosa. La muerte al fin y al cabo es inevitable, el sufrimiento no. Y como dice Katherine Mansfield en su *Diario:* el sufrimiento no tiene límites, es la eternidad.

Después me cuenta que está contenta, que siente que la terapia le hizo bien y que por primera vez en la vida cree que puede ser feliz. Me dice: «Soy como un algoritmo, porque cada vez que pasa algo complicado lo resuelvo un poco mejor». No sé si entiendo lo que me dice, creo que Julieta es más inteligente que yo y a veces le sigo la corriente, pero no me queda claro lo que está pensando. Yo le cuento que estoy leyendo el libro de Salvador Benesdra, *El camino total,* donde plantea una idea nueva para mí sobre cómo lidiar con el dolor y el malestar.

La propuesta es no oponerse a él, de alguna manera recibirlo. Ella me dice que es tal cual, que demanda mucha energía oponerse. Según Juli, soy una principiante en esto de no estar bien. Le digo que ahora cuando tengo un mal día pienso en mi malestar como un perrito que me hace compañía, está acá, conmigo, y bueno, es lo que hay. Al rato cortamos la llamada, ella llegó a su casa y tiene cosas que hacer; es obvio que en un rato nos vamos a volver a preguntar cómo estamos.

Es un día de sol y River está radiante, la clave es nunca llegar a Alcorta, caminar por el boulevard Lidoro Quintero, por las calles curvas, y observar los frentes de las casas. A veces me cuesta elegir este camino porque tengo que cruzar Libertador, que es como un río sucio y revuelto, pero vale la pena: River es uno de mis barrios preferidos. Lo que más me atrae es que es un híbrido, nunca se sabe qué va a aparecer: un caserón antiguo, una casa de ladrillos de los años ochenta, un espacio verde, un edificio de hormigón moderno. Está gobernado por una rítmica imprevisible. Y ese es para mí el gran encanto de los paisajes urbanos: en la ciudad uno puede repetir el mismo camino muchas veces pero siempre hay algo distinto, inesperado, a la vuelta de la esquina. Hace poco viajé al sur y su paisaje prodigioso me cortaba la respiración, al límite de sentir una angustia, un abismo. La secuencia es regular y tiende al infinito: a la vuelta de la curva hay otra montaña y otro lago.

El cielo azul e inmaculado me excluye. La metrópolis es más ocurrente: su anarquía, su acumulación de elementos sin sentido son mi clonazepam. Tal vez es porque tengo estos pensamientos obsesivos, que requieren de algo que se oponga, que interrumpa el loop. Es como si la ciudad traccionara hacia el lado contrario al que va mi mente y esa lucha de fuerzas me cobijara. La tensión es mi medio natural.

En *Elogio del caminar,* Shane O'Mara describe la importancia de que una ciudad sea caminable. Incluso habla de un índice de caminabilidad, que se calcula según cuán posible es hacer a pie todas las tareas ligadas a la vida cotidiana. Ir al supermercado, buscar niñas en la escuela, conseguir pescado fresco y un tornillo en la ferretería, todo esto sin subirse al auto. Siempre tuve fobia a las ciudades llenas de autopistas y sin veredas, donde solo es posible desplazarse en algún vehículo, y de forma lenta pero absolutamente premeditada logré armar una vida con un altísimo índice de caminabilidad. Tengo devoción por esta ciudad plana y cuadriculada, tan amable para recorrerla, y estoy tranquila al ras del piso, a cero metros sobre el nivel del mar. Los departamentos y sobre todo los pisos altos me dan claustrofobia; si paso un tiempo largo en uno me asalta algo extraño, opresivo, me siento lejos de la vida, sin pulso. Habitar una casa tiene el encanto del gesto fluido: abrir la puerta y salir caminando. Los aviones, los subtes y los colectivos me dan miedo, todos por igual. Considero que el auto es un mal necesario y apenas cruzo la General Paz empiezo a experimentar una lenta agonía del espíritu. Un desconsuelo. Alejarme es un esfuerzo, merodear por el barrio y los aledaños suele ser reconfortante. Lo dicen los libros y lo sé por mi mamá: si caminamos a diario nuestro cerebro funciona mejor y nuestro envejecimiento no se detendrá, pero será, sin lugar a dudas, más lento.

Y como escribe Thoureau en *Caminar,* ese librito suyo tan clásico: «Aunque por muchos años he caminado casi todos los días, y a veces varios días seguidos, no me canso. Siempre una absolutamente nueva perspectiva es una gran felicidad, y yo puedo conseguirla cualquier tarde».

Llego hasta Blanco Encalada y Artilleros. Aparece en la esquina esa casona inglesa, que funciona como salón de fiestas donde se casaron muchas parejas que conozco: Lowlands Club. Ocupa casi una manzana y tiene un jardín impecable, muy *british,* con árboles añejos enormes y pasto aterciopelado. Ahí fue la fiesta de casamiento de Julieta, hace más de veinte años. Fue la primera de mis amigas en casarse y tener hijos. Todavía hoy puedo escuchar del otro lado del teléfono: «Nena, sentate que tengo una noticia, ¿estás? Estoy embarazada y lo más probable es que lo tenga». A su novio lo había conocido en mi casa hacía unos meses. En realidad fue en un cumpleaños en la casa de mi papá, en esa época hacíamos muchas fiestas, la casa de mi papá siempre fue lugar de reunión, de comidas y de amigos. Ahora su hijo mayor va a la universidad.

Por fuera del club Lowlands se ve todo un paredón de ladrillos y por arriba sobresale un gomero gigante. Enfrente hay un hibiscus, más conocido como rosa china. En Buenos Aires está lleno y dan flores con bastante generosidad. A veces estoy caminando y me sorprende que podamos vivir rodeados de todas estas especies, árboles y flores. No me parece del todo real. Algunos árboles son tan altos que parecen tener miles de años, aunque lo cierto es que las grandes obras de parques y paseos de la ciudad se hicieron hace un poco más de cien años, y el responsable fue Carlos Thays. En realidad antes se llamaba Jules Charles Thays, vino desde Francia y si bien imprimió un estilo europeo a sus diseños, también supo muy bien aprovechar las especies nativas. Después, la naturaleza hizo su trabajo.

En el camino de vuelta, contra una pared, me llama la atención una enorme planta trepadora de hojas verdes con flores naranjas que en el centro tienen un punto negro, negrísimo. Es un colchón verde con flores que parecen notas naranjas salpicadas acá y allá con una métrica perfecta. (La naturaleza a veces parece urdida por alguien, es poco verosímil que produzca situaciones tan perfectas sin un autor intelectual, sin un

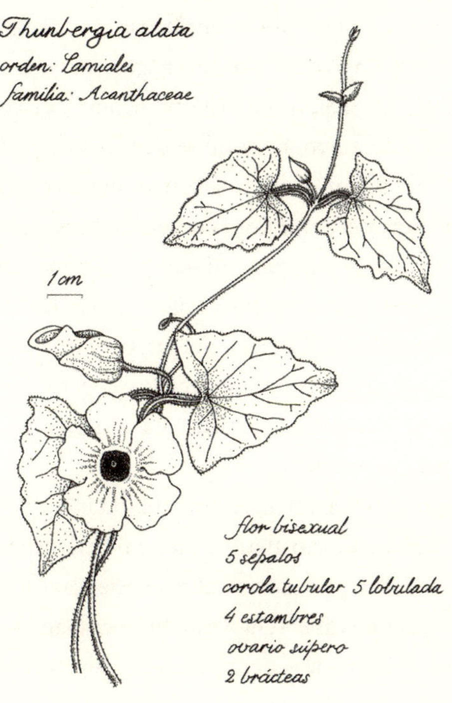

diseño o un plan, me parece abrumador, y no dejo de pensar que es mínimo lo que entendemos y sabemos sobre los árboles y las plantas. Sin ellos no podríamos ni respirar). Es originaria de África pero está muy extendida porque se da bien y crece con facilidad, al punto de ser considerada una planta salvaje e invasiva; su nombre científico es *Thunbergia,* pero se la llama también ojos de poeta, ojos negros, ojo morado, ojo de Venus, ojo de bruja Susanita, trompillo, ojo de canario, hierba del espanto o del susto. El nombre de la planta podría ser un cuento. Últimamente noto una concomitancia entre el amor por las palabras y el amor por la botánica; hace poco me enteré de que antología, que para mí siempre significó una recopilación de obras literarias, en su origen quiere decir colección de flores. La palabra proviene del griego *anthos,* que significa «flor», y *legein,* que quiere decir «escoger». Es decir que originalmente la palabra se usaba para designar una selección de flores para un ramillete.

Esta planta tiene flores naranjas pero también hay amarillas, rojas y rosas. Corto algunas para mi herbario pero se me deshacen en las manos, sus pétalos son delicados. Voy a conseguir una para mi casa. Tengo muchísimas plantas en mi casa pero siempre se puede tener una más. Las plantas son como los libros: nunca son suficientes.

Llego a casa y reviso mis subrayados en el libro de Benesdra. Les saco una foto y se la mando a Juli. «¿Cuánto dura la desolación? ¿Cuánto la desesperanaza? ¿Cuánto el dolor? Duran tanto como uno se empecina en combatirlos. Siéntate en el umbral de tu labor y verás pasar los cadáveres de la angustia, la depresión, y el dolor». Juli me manda una foto de sus hilos multicolores. Hace poco tiempo encontró un espacio de bienestar en el bordado y se inventó un subgénero propio: borda frases en cuadraditos de tela para regalar a sus amigos. Dice que es como una meditación. A mí me hizo uno en una tela azul con hilo violeta que dice «estamos juntas».

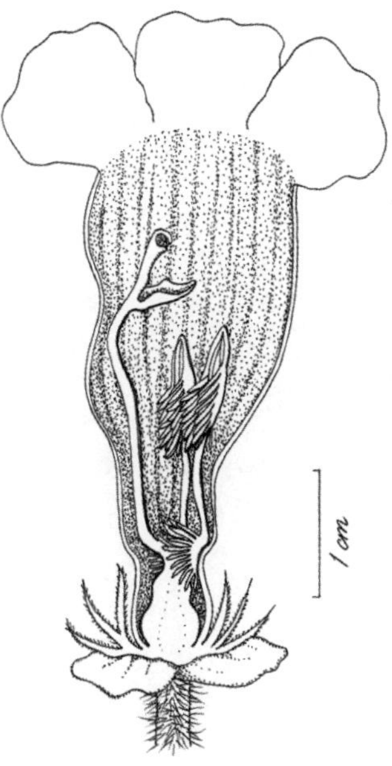

corte longitudinal flor

4
Gimena. Pensamientos

Hoy, excepcionalmente, voy yo hasta su casa, estaciono el auto, ella abre la puerta y se sube, me sorprendo porque habíamos quedado en que nos íbamos caminando al parque, le pregunto: «¿Pero para qué te subiste al auto?». Me responde: «Quiero sentir un ratito que un novio me pasó a buscar». Nos reímos, nos abrazamos, bajamos del auto y nos vamos a caminar hacia Parque Saavedra. Siempre que caminamos estamos hablando, ella en general me hace hablar primero y a veces me interrumpe para colar alguna larga reflexión, otras veces no dice nada y parece que no escuchara, pero al final saca alguna conclusión. En general tarda en llegar al punto y es capaz de citar a un filósofo o a una poeta pero jamás resulta pretencioso, lo dice con la misma liviandad con la que hace sus comentarios irónicos. Le cuento que mi amiga Flora está contenta porque tiene un novio que le gusta pero que se ven poco, ella dice: «Los novios ya no vienen como antes, ahora son como la comida esa que viene en platitos chiquitos, es la nueva moda». Me hace reír y me parece cierto, lo que no sé es si es un mal de época o de nuestra generación. Después me dice: «Nosotras por suerte nos tenemos, además te digo algo, tener un novio es un laburo más, yo para sobrevivir ya tengo tres trabajos, sería como tener otro kiosquito».

La primera vez que vi a Gime fue en la casa de Virginia. Ella estaba a mi izquierda, en la otra punta de la mesa, yo veía su perfil recortado. Lo que recuerdo de ese día es algo que jamás dejó de llamarme la atención: ella hablaba y sonreía sincrónicamente. Con el tiempo descubrí que siempre que está hablando está sonriendo, es como si para ella hablar implicara *también* sonreír, pero ni siquiera lo sabe. Si le contara esto se reiría y diría algo elocuente. Ahora mismo puedo evocar su perfil, el pelo tirante hacia atrás, negro, irreprochable, y su boca que sonríe y se mueve al mismo tiempo. La segunda cosa que me acuerdo de ella es una línea de un texto que escribió, «todos los días me desentierro». Su sonrisa y su mirada oscura pero iluminada de la vida la distinguen de todo el resto de las personas.

Caminamos derecho por Zapiola y cuando pasamos por la esquina de Jaramillo veo unas palmeras descomunales; siempre me resulta ridículo ver palmeras en Buenos Aires, pertenecen a la selva o en todo caso a una ciudad tropical, Río de Janeiro, acá son como una equivocación y estas palmeras están desquiciadas: son dos grupos de cuatro que crecen amontonadas, como una familia disfuncional, en una esquina junto a una casita turquesa; imagino sus raíces por debajo de las baldosas, imagino que un día esas baldosas explotarán. Les saco unas fotos para mi archivo botánico y le pido a Gime que pose pero ella dice que hoy está fea, yo creo que no es cierto; ella empieza a caminar y grita: «Te digo la verdad, estoy harta de este concurso de belleza eterno entre las mujeres». Con Gime caminamos con un ritmo veloz, resuelto, casi frenético, nuestra cadencia es un virtuoso sobrentendido, ambas necesitamos liberar endorfinas, volver al hogar cansadas.

Por Zapiola desembocamos en la avenida García del Río, es una especie de boulevard, una calle doble con un espacio verde en el medio, tiene varios ombúes y también palmeras, tiene lo que hay que tener para ser linda, pero le falta algo que no sé qué es, o le sobra algo que tampoco sé qué es, sospecho que tiene el encanto de lo difuso e imperfecto. Por debajo de la avenida sé que corre silencioso, invisible, el arroyo Medrano, que fue entubado y soterrado el siglo pasado, me parece ciencia ficción. ¿A quién se le habrá ocurrido y por qué hacer desaparecer un arroyo? Supongo que obedece a lógicas económicas y de planificación urbana, pero en mi visión romántica de la vida un arroyo acá sería algo espléndido. Aunque la ciudad está casi vacía y gris, en mi mente se dibuja una imagen bucólica: niños con el pantalón arremangado y los pies en el agua, flores silvestres y juncos dorados, el sonido del agua, el sol del atardecer tiñendo todo de ámbar, un cuzquito blanco y negro irresistible, mamá tomando una Pepsi, Fran con su melena dorada pateando una pelota pulpo, Pau con una bikini triangulito. Acaricio con mis manos una piedra plana, gris, perfecta para hacer sapito. Pero a mí nunca me sale bien. Tengo imágenes de un viaje así a Córdoba, yo tendría cinco años, no recuerdo del todo las vacaciones, pero las fotos las tengo fijadas en mi memoria con precisión. A veces se mezclan el recuerdo con la foto, el tiempo los funde y confunde; y la imaginación también participa.

Me preocupa ese tema, me preocupa qué recuerdos se imprimirán en las cabezas de mis hijas. Hay cosas que hago solo con ese fin. Hace un par de años fuimos a Cabo Polonio y cruzamos caminando la punta del cabo de un lado a otro, esa zona de rocas donde está el faro que separa las dos playas, lo hicimos como lo hacíamos cuando era chica con mi papá y mi hermano: verlas saltando de una piedra a otra y disfrutando de esa actividad fue un momento cumbre de mi performance como madre. Yo recién me había separado y siempre había tenido la ilusión de llevarlas. Creo que pensé o intuí: si no logré cumplir los grandes sueños de la vida quizá sí puedo cumplir los pequeños. También puedo evocar sus sonrisas cuando entramos a la playa en unos camiones gigantes abiertos tipo safari, en mi época se entraba en sulky al Cabo, pero la emoción de mis hijas era la misma, la adrenalina que daba el movimiento y el paisaje casi lunar de la playa interminable y blanca, la emoción de una aventura que nos esperaba allá adelante. De la infancia de Gime no sé nada, nos conocimos de grandes y nos relatamos principalmente los últimos años. Es del grupo de mis amigas jóvenes, que pertenecen a mi tercera vida, la que comenzó cuando empecé a escribir. Sé que ella tuvo una vida en la que fue DJ, tuvo novios tóxicos y probó todas las drogas. Ahora es esta chica casi monacal que vive sola en sus dos ambientes, estudia Artes, trabaja sin parar y practica yoga ashtanga todos los días. Hace poco me dijo: «¿Qué te parece si voy a tu casa y hacemos unos saludos al sol, tengo un ratito corto, voy y no hablamos, como si fuera encontrarse a garchar pero nos encontramos a hacer yoga?».

De lo que no hay dudas: caminar por la ancha García del Río y desembocar en Parque Saavedra junto a la inminente invitación a rodearlo es uno de los momentos más lindos del paseo. Cruzamos la calle y entramos al parque, siempre lo rodeamos en el mismo sentido, hacia la derecha. Gime se saca la campera y se la ata en la cintura, el ritmo nos hizo entrar en calor, me pregunta: «¿Me vas a contar qué pasó con el pelmazo?». Le cuento que llevamos varios días sin hablar, que creo que esta vez se terminó, la verdad es que ya no quiero saber nada con él. Ella me dice: «Es mejor así, te sacaba mucha energía, además, boluda, vos te merecés una alfombra roja y este parecía que la iba poner pero al ratito puso una gris, meada por los gatos». Me hace reír, pienso que mi vida es un poco patética, me tapo la cara para que Gime no me vea llorar. Ella se siente culpable y me dice: «Ay nena, no llores por un tonto, vení, nos podemos sentar en un banquito». Pero yo aumento el ritmo de la caminata y le respondo: «No quiero sentarme, puedo hacer mil cosas juntas, imagínate si no voy a poder llorar y caminar, igual no lloro por él, lloro porque estoy cansada de todo». Gime quiere saber qué es todo. «Dale, desglosá, vamos a separarlo en cositas».

Miro para arriba mientras camino, acá hay muchos árboles enormes: pinos, palmeras, eucaliptus, ombúes, palos borrachos y tilos. Tengo debilidad por los tilos, son gigantes y en verano dan una flor pequeña color crema de la que se derrama un perfume dulce, como a miel o caramelo, y apenas cítrico, es tan poderoso que parece existir de una forma material en el aire y me produce siempre un rapto de felicidad olerlo. Pero no estamos en época, solo los añoro. El parque es ideal para caminar porque no es enorme pero tampoco es pequeño, y es ovalado, una vuelta a paso veloz se completa en quince minutos. Dependiendo de la energía, las ganas y las prioridades del día, damos entre dos y cuatro vueltas. Cuando terminamos de dar la segunda vuelta, Gime me dice: «Sigamos, hoy vos necesitás otra vuelta más... ¿querés contarme lo de tu viejo?».

Gime siempre me pregunta por mi papá porque sabe que algo no está bien y yo le respondo con lo mínimo. Lo que pasa es que si hablo de mi papá el dolor se vuelve físico, empiezo a llorar y a sentir que podría desvanecerme, como un golpe de gravedad intolerable. Por eso siempre estoy hablando del último hombre con el que salí, me doy cuenta de que lo hago como una fuga hacia adelante, creo que nadie lo nota, es una manera de sobrevivir que encontré. Pero hoy decido hablar. (Con ella me resulta más fácil porque conoce muy poco a mi papá, ella no sabe que mi papá no es una persona normal. Que nos llevaba a caminar por acantilados peligrosos, que cuando se enojaba con alguien se volvía un monstruo, pero que jamás se enojó conmigo, que protegió a todos los que trabajaron y vivieron a su alrededor, que siempre tenía las soluciones de todo, que era un genio de los números y el rey del Boggle, que le ganaba a todo el mundo. Agarraba una palabra y la derivaba al infinito. Que nos hacía churros caseros cuando éramos niños y que después se los hacía a mis hijas. Antes de la pandemia, cada lunes llevaba a mis hijas con dos amiguitas a almorzar a un bar, enfrente de su colegio. El año pasado tenía un zorzal que lo iba a visitar a su escritorio todas las mañanas. Me mandaba videos. «Acá estoy con mi pajarito». Durante todo el 2020 jugó tenis en su *garage* contra una pared, un año aguantó bien, solo, encerrado en su casa. Hasta que pasó esto, siempre, siempre, siempre, estaba con energía y de buen humor, podía ser muy irritante también eso, pero verlo así ahora me hace sentir lo frágil que es todo, lo frágil que es la vida).

Mientras damos la tercera vuelta, el cielo parece abrirse un poco. Es notable cómo puede mejorar la visión del mundo con un rayito de luz, me da aliento para hablar. Le cuento a Gime que mi papá está deprimido, que ya van seis meses tomando medicación y nada, pero que además estoy preocupada porque mi hija tiene miedo y no puede estar sola en un ambiente de la casa, me persigue y después llora cada noche hasta dormirse, muchas veces sigue llorando dormida, yo me siento desbordada; hay un malestar que parece drenarse de arriba hacia abajo y no sé qué tengo que hacer, no sé cómo ayudar a mi papá, no sé cómo proteger a mis hijas después de todo lo que sufrieron por el encierro. Me siento en una prensa. Me preocupa cómo saldremos de esto, que si algún día se termina esta pesadilla es posible que venga otra pesadilla, la del saldo de todo esto. Le digo a Gime que ayer a la noche, cuando estábamos comiendo el postre, una de mis hijas me preguntó: «¿Pero por qué abu no se pone feliz por las cosas lindas y triste por las cosas malas? ¿Por qué está siempre triste?». Gimena me escucha con atención y concluye que si mi hija puede elaborar una pregunta así, estoy haciendo algo bien, aunque me sienta perdida. También me dice: «Necesitás un abrazo», le respondo: «Por favor, no me toques que voy a empezar a llorar». Ya estamos a la altura de Pico, donde termina el recorrido, pero seguimos caminando sin decir nada, vamos por otra vuelta.

Estoy cansada pero asumo que ella quiere seguir, así que le doy el gusto, además el parque es una maravilla, estar rodeada de tantos árboles enormes en algún lugar me hace sentir protegida, cobijada; ellos son fuertes, duraderos, son la vida que permanece.

Hoy me sorprenden, diría incluso que me enternecen, los ombúes, esos árboles de troncos gigantes también conocidos como bellasombra, donde los niños adoran treparse; puedo verme de niña, puedo ver a mis hijas, a mis sobrinos, a los hijos de mis amigos. Es un lugar común de la infancia: un niño escalando un ombú y una madre pensando hasta dónde puede dejarlo subir sin temer por su vida. Pero no hay gente en el parque, está desierto, estamos solas. La observo a Gime y pienso en su convicción de no tener hijos. Es mi única amiga así, a mí me produce admiración, en realidad a veces se lo pregunta, pero se vuelve a responder que no. Es un día gris, aciago, es evidente que las dos estamos con un ánimo bajo pero el hecho de estar juntas envuelve nuestra tristeza en algo más dulce y el movimiento ha disipado un poco la melancolía. En mi caso, aunque mi relación ya estaba desgastada, el final me hace sentir que no hay nada lindo para mí en el futuro; ella lleva un tiempo largo sin conocer a nadie que la entusiasme. Para ambas el amor romántico ha sido un poco esquivo últimamente, ella está pensando en salir con chicas y leyendo a Paul Preciado, yo salto de relación insatisfactoria a relación más insatisfactoria aún; mientras tanto nos tratamos una a la otra con todo el romanticismo que una amistad puede resistir, jamás dejamos de decirnos «estás muy linda hoy», de darnos abrazos espontáneos, de regalarnos cosas y de enviarnos poemas. El otro día me mandó un mensaje a la mañana que decía: «Soñé con vos», y yo respondí: «Estaba pensando en vos, boluda». (Aún no lo sabemos, pero pronto, en unos meses, nuestras vidas van a cambiar: ella va a conocer a un hombre bueno que la va a adorar, yo voy a conocer a un hombre del que me voy a enamorar y es probable que me rompa el corazón y pase una temporada en el infierno pero también es probable, es definitivamente probable, que salga airosa, con ideas y entusiasmos nuevos. Como sea, lo que no sabemos ese día es algo obvio: que nos van a seguir pasando cosas, siempre, algunas lindas, otras no tanto; ese día la vida parece detenida, eso nos hiela un poco el alma, pero va a pasar; quisiera poder volver a ese momento y consolarnos con estas palabras, quisiera poder sustraer algo de toda aquella tristeza).

Nunca se lo digo porque podría parecer que le tengo pena y no es el caso, pero no sé cómo hace para atravesar esta época de encierro viviendo sola. Debe ser de las personas más íntegras que conozco, es como si no le faltara nada. Tiene una empresa de servicios turísticos pero ahora que viajar es algo prácticamente imposible tuvo que dejar todo, consiguió un trabajo alternativo y se volvió a inventar una vida. Es, además, un alma antigua, es joven y linda pero tiene hábitos de señora mayor en el mejor sentido: sus ritmos lentos, su afición por los museos, sus rituales.

Gime siempre tiene pensamientos nuevos y los quiere compartir conmigo, en ese sentido somos, creo, parecidas. Somos personas fanáticas de las ideas y las palabras. Nos gusta más que nada hablar y relacionar, asociar. Llegar a lo preciso. Una vez escribió en un texto algo que nunca olvidé: «Cosas que han perdido su poder: un hombre que no elige las palabras que pronuncia».

Durante esta época nos hacemos mucha compañía. Gime vive a diez cuadras de mi casa así que cada tanto le pregunto: «¿Vamos a caminar?». Siempre me responde: «En veinte te busco». Por ningún motivo en especial ella en cada oportunidad viene hasta mi casa y me toca el timbre, es como una característica de su personalidad: siempre que te puede dar, elige darte. Cada día que la veo está hermosa, con calzas negras y una cola de caballo pony de una dignidad espeluznante. Después, se deja llevar por mí. Yo tengo tres recorridos posibles: para la zona del barrio River, uno medio random y caótico por Belgrano en el que esquivo el sol o el viento según la época, y el de hoy: para Parque Saavedra.

(Dentro de no tanto tiempo, cuando la vida vuelva a ser algo parecido a lo que era antes de esta pandemia, parecido pero también muy distinto, va a acompañarme cada sábado al teatro, con la misma disponibilidad, yo voy a sacar las entradas y ella siempre va a poder venir, yo voy a adoptar el hábito de ir al teatro porque es casi lo único que me va a dar ilusión y sensación de futuro, una sensación que cada vez se va a ir volviendo más difusa, ella va a venir conmigo porque también ama el teatro, jamás vamos a tener un conflicto sobre qué ver, sobre fechas, sobre dónde ir a cenar; Gime debe ser mi única amiga con la que jamás hay negociación, es como si ambas nos acomodáramos una a la otra sin intentar forzar nada).

Hoy, cuando terminamos la cuarta vuelta por el parque y al fin me deja descansar, elegimos un banquito para elongar. Al lado hay un enorme palo borracho, son unos árboles muy curiosos, tienen un tronco verde con forma de botella, es como una panza donde guardan agua, y unas espinas temerarias, gigantes, pero dan unas flores preciosas y únicas, fucsias y amarillas, carnosas. (La ciudad está llena de palos borrachos y las flores duran muchísimo. Florecen dos veces al año y serán parte de mi romance futuro, la floración durará más que el amor, las flores me perseguirán por toda la ciudad, primero frescas y nuevas, lloviendo de los árboles, luego derramadas sobre el piso, aplastadas, en el invierno).

«No tiene límites tu creatividad en la búsqueda amorosa», me dice mientras apoya el pie en el banco para elongar sus gemelos. Yo le hago un relato sobre un hombre al que ni siquiera llegué a conocer, fue un flirteo virtual que se consumió antes de suceder y supongo que ambos perdimos el interés. Parece ser el nuevo patrón de las relaciones actuales: se escala a máxima velocidad pero enseguida todo explota en el aire sin dejar rastros, como el Challenger. Brotan y se reproducen las redes, las aplicaciones y el coqueteo, hay oportunidades de conocer gente nueva, pero nada se sostiene, todo es velocidad y ansiedad. Extraño la época en que las relaciones se construían de forma lenta y analógica, extraño llegar a mi casa y ver si estaba el nombre del chico que me gustaba en el anotador, al lado del teléfono. En mi casa había que tomar nota por escrito si alguien te llamaba, era la ley principal de convivencia y si no lo hacía podía causar el odio mortal y definitivo de mi hermana mayor, que era lo que yo más temía.

Después de elongar nos sentamos un ratito en el pasto, es un poco ficticia la escena porque hace frío, sin sol parece no tener sentido, pero supongo que igual vamos a intentarlo. Gime me dice: «Traje algo para este momento... lo leí ayer y pensé: a Joy le va a encantar»; saca de su mochila un libro de poemas de Emily Dickinson, lo abre donde tiene una marca y lo lee haciendo pausas:

> Para hacer una pradera es necesario un trébol y una abeja
> un trébol, y una abeja.
> Y un ensueño.
> Bastará solo con el ensueño, si abejas hay pocas.

Levanta la vista y me dice: «Un ensueño. ¿Lindo, no? Es bilingüe, escuchá cómo suena en inglés: *The revery alone will do*».

Me cuenta que Emily escribió muchísimo pero durante su vida casi no llegó a publicar nada, que vivía sola, cada vez más encerrada, siempre se vestía de blanco y tenía un herbario que está todo digitalizado. Emily tuvo una vida de aislamiento, volcada a la poesía y la recolección de especies. Le digo que lo del herbario lo sabía, una vez participé de un seminario que dio María Negroni sobre el coleccionismo y la pasión por la miniatura, ella trataba a los poemas de Emily como una colección de miniaturas, me pareció algo hermoso. Un herbario también es eso: una colección de especies.

El año pasado en invierno, cuando estábamos aún más encerrados y temerosos, Gime me trajo un plantín de pensamientos. Me tocó el timbre, me saludó con el codo y el barbijo puesto, y me lo dejó, quería dármelo porque lo había visto y porque sabía que yo estaba un poco triste. «Yo sé cómo te sentís», me dijo, puso en mis manos el plantín envuelto en papel de diario y se fue. Ella adivinó que yo no tenía ganas de hablar, solo quiso dejarme un regalo para hacerme sentir mejor, en ese momento no se lo dije pero es algo que hubiera hecho mi papá, me acuerdo haber pensado: tengo que contarle a Gime la historia de la pelopincho, le va a encantar. Los pensamientos son unas flores que parecen conejitos, y estos eran violetas y blancos. Su nombre científico es *Viola × wittrockiana,* es comestible y fácil de cuidar. Tiene usos medicinales y también literarios, supongo que por su nombre varios escritores y poetas la incluyeron en sus obras. Ese día puse mis pensamientos en una maceta blanca de cerámica; imaginé que no iban a durar mucho, las plantas tan pequeñas suelen ser como un juguete de quiosco. Pero duraron. Las pequeñas flores se fueron rebalsando de la maceta, generosas, hasta taparla por completo, como una melena descontrolada. Me sorprendía ver crecer en medio del frío a esa planta miniatura que además no me pedía nada. En cuanto dejó de hacer frío, los pensamientos se secaron y murieron. Para mí

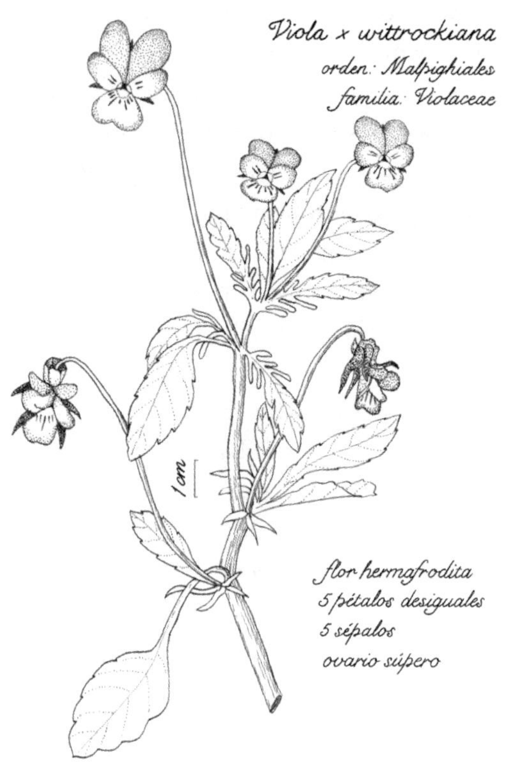
Viola x wittrockiana
orden: Malpighiales
familia: Violaceae
1cm
flor hermafrodita
5 pétalos desiguales
5 sépalos
ovario súpero

fue como tener un ramo de flores toda una temporada y cada vez que salía al patio y lo miraba me acordaba de que estaba acompañada, que la vida es, con suerte, larga y complicada, pero de una forma u otra en general tengo la suerte de tener buena compañía y que la amistad es tal vez una de las formas más indescifrables y elevadas del amor. Nos elegimos cada vez, en cada charla, en cada caminata, sin compromisos y sin obligaciones. Dice Thoreau en un pequeño tratado llamado *Amistad, amor y matrimonio,* que tengo en mi mesa de luz

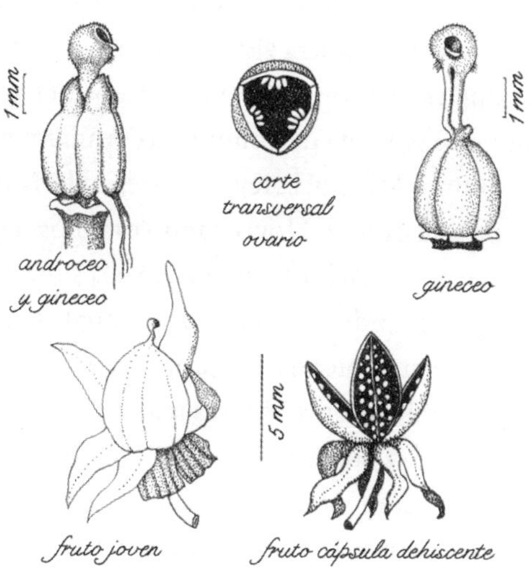

en una edición preciosa con una portada de flores amarillas sobre fondo turquesa: «Pero todo lo que puede ser dicho de la amistad es como la botánica para las flores. ¿Cómo el entendimiento puede dar cuenta de la amistad?».

Volvemos caminando hasta su casa porque tengo ahí el auto, vamos derecho por Conde, que es una calle ancha con muchos árboles. En general Gime quiere caminar conmigo hasta mi casa aunque la suya queda mucho más cerca del parque. Hace poco, en otra caminata, llegamos a la puerta de mi casa pero estábamos en medio de una gran conversación así que yo le dije: «Bueno, ahora yo te acompaño a vos hasta tu casa». Si alguien nos hubiera visto desde arriba podría haber pensando que estábamos locas, parecíamos personajes de un jueguito que se había descompuesto. Andar y desandar el mismo camino. Mi abuela tejía y destejía, decía que tejer era bueno para la cabeza. Hoy, cuando estamos llegando a su casa, me pregunto cuántos días pasará ella sin ver a nadie. No sé qué hace cuando se levanta, no sé cuál es su rutina, pero sé que tiene una constelación propia que la envuelve, sus libros, sus pensamientos macabros, sus ideas sobre la vida y la muerte, su debilidad por la poesía y su gusto por el arte; si me imagino a mi amiga en mi cabeza, es como si la viera flotando con muchos elementos a su alrededor, un poco despegada de lo mundanal.

En la puerta de su casa, Gime se detiene a buscar sus llaves y yo pienso que podría esperar a que entre, verla caminar por el pasillo, asegurarme de que esté en su hogar, pero es de día y me parece una exageración. Me despido, me subo al auto, ella me da un beso pero después gira y se acerca, bajo la ventanilla y la escucho decirme, mientras sonríe: «Sos muy importante en mi vida».

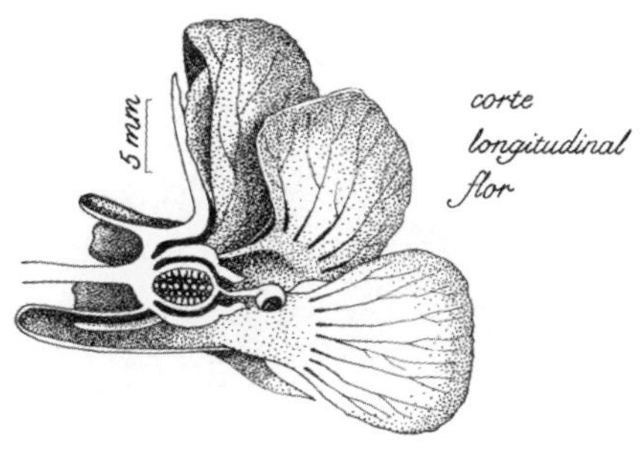

Epílogo
Francisco. Ampelopsis

Es domingo y arreglé con Fran, mi hermano, para ir juntos a la casa de papá. Íbamos a ir caminando, a pedido mío, pero antes de salir me di cuenta de que tenía que ir en auto porque Mariano me va a llevar mis hijas y sus bolsitos ahí. En el camino hablamos de papá, estamos muy preocupados. Ahora, cuando se levanta de la silla, le rezo a mi dios inexistente para que no se caiga: sus movimientos son inseguros. Trastabilla. Cada martes voy a almorzar con él, comemos pescado y ensalada con las ventanas abiertas y las sillas alejadas, le hablo para completar el silencio, a veces le cuento mis problemas y lloro.

Un recuerdo de mi infancia: mis padres se están peleando a los gritos y se están tirando cosas (esto pasaba más seguido de lo que hubiera querido) y mi hermano y yo estamos encerrados en el cuarto, abrazados, llorando. Tenemos miedo y al final sacamos la mesa de luz que separa nuestras camas, las juntamos, y nos dormimos de la mano. Mis padres peleaban mucho, muchísimo, diría que estaban en una guerra permanente que a veces se expresaba como una guerra fría, una tensión en el aire, en los ambientes, en la casa, en el auto, en los paseos, en los fines de semana, en las vacaciones, en las comidas, y otras veces era una lucha descarnada, violenta. Mi papá siempre dice que no estuvo bueno pero que nosotros no salimos tan mal. Tal vez ser dos nos salvó, nuestro vínculo era una pequeña barca que nos mantenía a flote mientras navegábamos en las tempestades familiares.

Hay que tener mucha suerte para que te funcione una familia. Es como un experimento rarísimo: encerrar a unas personas en un lugar a ver si la pasan bien juntas. Si la familia no sale bien, el lugar preferencial donde se verifica el malestar suele ser el auto. La pareja se elige, pero además de que eso puede fallar o desconfigurarse con el tiempo, porque el deseo es cambiante y la gente también, hay que lidiar con la familia política, los hijos, los vínculos entre hermanos, todo eso puede ser una fiesta o puede ser un accidente nefasto. En el caso del vínculo con mi hermano, es una celebración. Nos divertimos, nos contamos todo, nos protegemos. Hace poco se mudó a un departamento a media cuadra de mi casa, aunque no era el barrio que prefería. Elegimos estar cerca. Muchas veces, a través de nuestro diálogo, mitigamos los efectos secundarios indeseables de los conflictos familiares. Somos amigos. Dice en *La amistad* Francesco Albertoni: «El amigo se limita a preguntar:

¿cómo estás? ¿Estás bien? Y eso porque lo único que le interesa es que estemos bien».

Hoy aprovechamos el camino para hablar del día del padre: falta poco y es un momento difícil para todos. También quiere saber cómo ando. Le digo que estoy mejor, que las cosas se están acomodando. Me desespera que él me vea fuerte, siempre piensa que voy a arreglármelas. A veces sueño con tener un derrape total, y que mi familia decida venir a cuidarme, que dejen de darme el rol de poder con todo y me traigan la sopa a la cama.

Mi papá vive en una casa grande, con un jardín lleno de árboles y plantas y una pileta. Hace veinte años, cuando Núñez era un barrio periférico de edificaciones bajas, empezaron a construir una torre al lado de su casa. Como a él le inquietaba tener vecinos cerca, urdió un plan: mandó a construir una estructura metálica en el jardín, una especie de caja que se eleva diez metros por sobre el nivel del techo de la casa. Quedó como un toldo gigante con una malla metálica, es decir, un monstruo. Cuando lo vimos nos pareció un espanto. Pero él tenía una visión y no tenía apuro. Con el jardinero guiaron una ampelopsis hacia la estructura, y unos años después, dos o tres, estaba totalmente recubierta. La ampelopsis es la enredadera de las hojas grandes, la que es no perenne, la que cambia de color. La casa se terminó de transformar en una pequeña

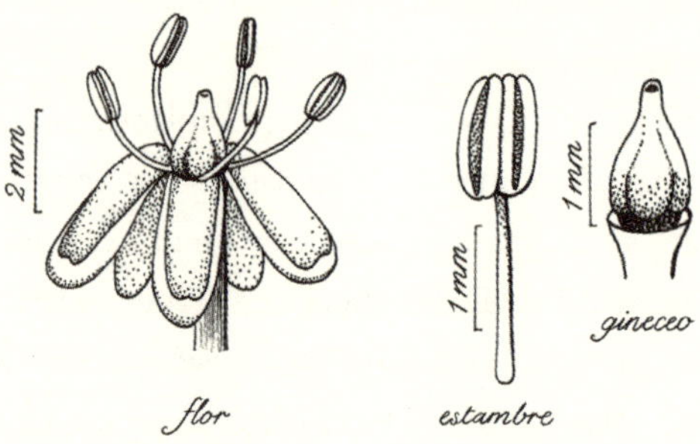

selva en medio de la ciudad. Desde lo alto descienden como lianas ramas de las ampelopsis, y en otoño las hojas caen sobre la pileta, hay que limpiarla todos los días. (Cuando tuve mi primera pelopincho me encantaba el ritual de pasar el sacahojas por el agua, ida y vuelta hasta dejarla impecable. Siempre había querido tener una pelopincho, pero me llevó bastante tiempo. La conseguí el verano que me separé. Apenas sucedió, tenía que contárselo a mi familia y con el que más me costaba era con mi papá. Me dolía decírselo, porque sabía que él no lo esperaba, que lo quería mucho a Mariano y que le iba a pesar, porque para mí era difícil. Al fin le mandé un audio larguísimo en el que le conté todo. No podía hacerlo en persona, no me daban las fuerzas. Él me contestó varias cosas pero yo recuerdo esta frase: «Hija querida, acá estoy, si tenés ganas de hablar, hablamos, si no tenés ganas de hablar, no hablamos.

Y si puedo hacer algo para que te sientas mejor, me decís y lo hago». Era enero. Empezaba el verano y yo tenía un patio. Siempre había querido poner una pelopincho, pero Mariano decía que no era buena idea. Como casi todo lo que yo quería. Así que a los dos días le dije a mi papá: «Quiero una pelopincho». Vino a casa, tomó las medidas del patio e hizo una pequeña pesquisa. A los tres días me tocó el timbre con la pelopincho, una de esas redondas que se inflan. Me salvó el verano más triste de mi vida. Recuerdo que con mis hijas compramos un flotador rosa con forma de dona que fue un furor, porque podían usarlo juntas: puedo verlas una mañana de sol suspendidas al ras del agua en el flotador, las piernas enroscadas, las caras enfrentadas, cantando y golpeando sus manos al ritmo de *Estaba la Catalina*).

Además de la ampelopsis que cae sobre la pileta, papá tiene muchísimas especies en su jardín. Hay un jazmín del país enorme, que florece en primavera, y como sabe que me encanta cuando empieza a dar flores, me corta ramitas con una tijera y las pone en una bolsa; al llegar a casa, los acomodo en vasos y los pongo por todos los ambientes. En el fondo tiene un árbol enorme de jazmín del Cabo, que es el más grande, el que venden, o vendían, en los semáforos. También hay glicinas, quinotos, y muchísimos malvones. Hay un árbol de mandarinas, salen ácidas y a mis hijas les encantan así. Cuando yo era chica, mi papá me llevaba al colegio caminando y me decía: «Mirá, este jazmín blanco y perfumado es el jazmín del país o también le dicen jazmín de leche; después está el celeste, que se llama jazmín del cielo», esa explicación me la debe haber repetido veinte veces. Siempre le fascinó la clasificación. En aquel entonces, yo me preguntaba por qué él me contaba esas cosas, cosas que para mí no tenían importancia.

(Una vez hicimos un mariposario para mis hijas. Conseguimos esas flores amarillas y rojas que atraen a las mariposas monarcas. Ellas, obedientes, dejaron sus larvas; nosotros las pusimos en una cajita con un tul. Las larvas se convirtieron en crisálidas y luego en mariposas. Una amiga vio el proceso que documenté en videos y me dijo: «Es como de otra época». Imaginé un barco, avistar aves, tomar notas, el despliegue de mapas. Luego leí en el *Atlas de botánica argentina* que fueron los viajeros naturalistas del siglo XVIII quienes empezaron a estudiar las plantas para organizarlas en un sistema clasificatorio. Clasificar es una forma de conocer. En esa época se crearon los primeros jardines botánicos, que son básicamente colecciones de especies. Y de la mano de los jardines aparecieron los herbarios: el objetivo era guardar las plantas y las flores dentro de libros para hacer circular la información. Pero había un problema: la conservación. Entonces recurrieron a la ilustración, los libros ilustrados de botánica funcionaban como herbarios de papel: catálogos de especies vegetales organizadas para su estudio. Surgieron preguntas sobre cómo representar, porque representar es siempre tomar una decisión sobre qué y cómo mostrar. En esa época se desarrolló la ilustración científica botánica, que hace recortes sobre las plantas y las representa en distintos estadíos; es una herramienta de conocimiento y es mitad arte mitad ciencia).

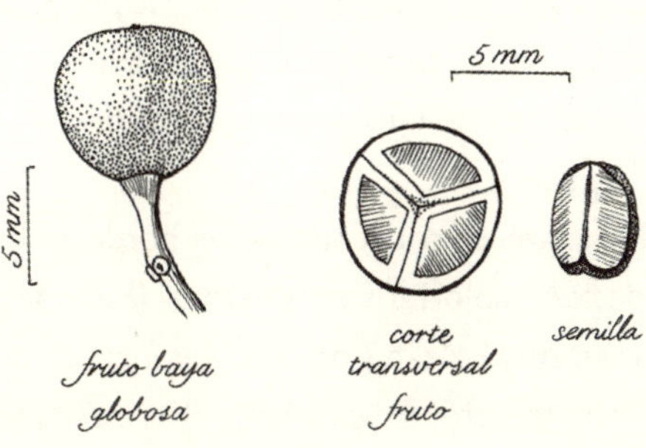

Hace unos años mi papá dejó de calentar la pileta en invierno. Resultaba muy costoso, estaba preocupado por su economía, y además habíamos dejado de ir de forma asidua. Fue la temporada de las separaciones. Primero se separó mi hermana, fue una separación compleja. Después mi hermano, fue triste, tenían un hijo muy chiquito. Y finalmente me separé yo, para sorpresa de todos. Éramos una buena pareja, nos tratábamos bien y teníamos una vida juntos y dos hijas, pero empezamos a tomar caminos distintos y fue imposible mantenernos unidos.

Hoy es un día de sol y frío y papá sí calentó la pileta. Lo sé porque cuando entramos con Fran veo el humo, ese vapor que se eleva por el contraste de temperaturas. No hizo asado pero puso una carne al horno. Mariano me trae las nenas, con miles de bolsos. Se queda un rato charlando con Fran y mi papá le convida un *knishe*. Yo estoy en la pileta y le pregunto si se va a anotar para la vacuna, tiene dirección en Lanús, y podría hacerlo. Responde que sí. Una parte de mí le diría: «¿No querés darte un chapuzón?».

Mis hijas aparecen corriendo por el borde de la pileta con sus trajes de baño coloridos y antiparras. (Son mellizas, y tienen épocas en que pelean por todo y épocas en que se ríen, secretean y son mejores amigas. Estos días están muy cómplices, es temporada de mejores amigas, juegan, hablan sin parar y se divierten. A veces, como hoy, las miro y pienso que no son reales: Sofía es rubia de ojos claros y tiene una actitud reflexiva y un humor agudo; Juana es morocha de ojos negros y pícaros, es absurdamente ocurrente y siempre se le forma una sonrisa; son muy distintas y también se parecen en sus cachetes mullidos y en su marca: las dos tienen hoyuelos, que heredaron de mí y que a su vez yo heredé de mi papá. A veces me

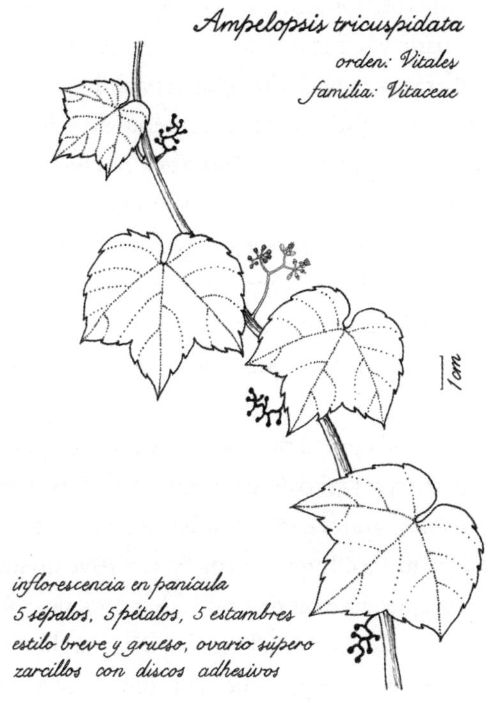

hacen perder la paciencia y pienso que son dos nenas malcriadas, pero al rato dicen algo chistoso o tierno y cambio de perspectiva, veo lo lindo, mi mundo se vuelve a acomodar. En este año y medio de encierro, pasamos muchísimo tiempo juntas, las vi crecer microscópicamente, las vi aprender a cocinar, las vi baldear el patio y ordenar el cuarto, las vi desarrollar el pensamiento abstracto y matemático, las vi pasar horas y horas tiradas en la cama con sus pantallas e intenté no odiarme a mí misma por eso, las vi tristes, las vi atravesar miedos y angustias nuevas; y hoy no lo sé, pero dentro de un tiempo, dentro de un tiempo que este día parece lejano pero se acerca veloz, voy a saber que no puedo proteger a mis hijas de todo y que su dolor no es el mío, que aunque retumbe con toda sus fuerzas dentro mío son distintos, y que el dolor de mi papá tampoco es mi dolor).

Juana se tira a la pileta tipo bomba y Sofía de palito. Me pongo antiparras y les grito desde el agua: «¡Chicas, a nadar!». Aunque ya son grandes e independientes, en el agua se me pegan como ventosas. Intento nadar y se vuelve un juego en el que me persiguen y yo me desmarco. Me sumerjo, nado con todas mis fuerzas hacia abajo, hasta la parte más honda de la pileta, giro y veo desde la profundidad cómo se acercan hacia mí. Tengo una visión total: sus pelos ondulando en cámara lenta, sus piernas largas y doradas, sus caritas apretadas por las antiparras, las burbujas. El sonido con eco, afelpado, reverberante. Acá, bajo el agua, está lleno de hojas enormes de la ampelopsis: doradas, amarillas, rojas tirando a bordó, giran infinitas. La luz del sol atraviesa de costado el agua y produce destellos de colores, pequeños arcoíris caprichosos.

Nado un poco más, el agua caliente es mágica y poderosa. Mi hermano me pregunta si estoy bien.

Le digo que sí, le digo: «Estoy como drogada, no puedo creer toda esta belleza, hace mucho que no me siento tan bien».

«Me alegro, hermanita», me dice. Sonríe, se acomoda las antiparras y se sumerge otra vez en el agua.

Agradecimientos

A las personas que me ayudaron a escribir este libro: María Fernanda Maquieira, Violeta Noetinger, Mauro Libertella, Dolores Gil y José Santamarina.

Al mítico Darwin, ustedes lo saben todo.

A Clau Degliuomi, que estudió e ilustró las cinco especies protagónicas de este libro y las mariposas de la dedicatoria.

A mi amiga Jimena, que no camina conmigo porque vive lejos de mi casa pero me acompaña en todo desde hace treinta años.

A mi hermana Paula, que me cuida cuando estoy triste.

A mi hermano y a mi mamá.

A mi papá, que un día, en el año 2017, se sentó conmigo a almorzar y trajo su lista de temas para conversar donde decía: «Joana, escribir».